Impressum
Verlag: BABADADA GmbH, Nedderfeld 112 , 22529 Hamburg
Geschäftsführer / Verlagsleitung: Harald Hof
Druck: Books on Demand GmbH, In de Tarpen 42, 22848 Norderstedt

Imprint
Publisher: BABADADA GmbH, Nedderfeld 112 , 22529 Hamburg, Germany
Managing Director / Publishing direction: Harald Hof
Print: Books on Demand GmbH, In de Tarpen 42, 22848 Norderstedt, Germany

school

школа

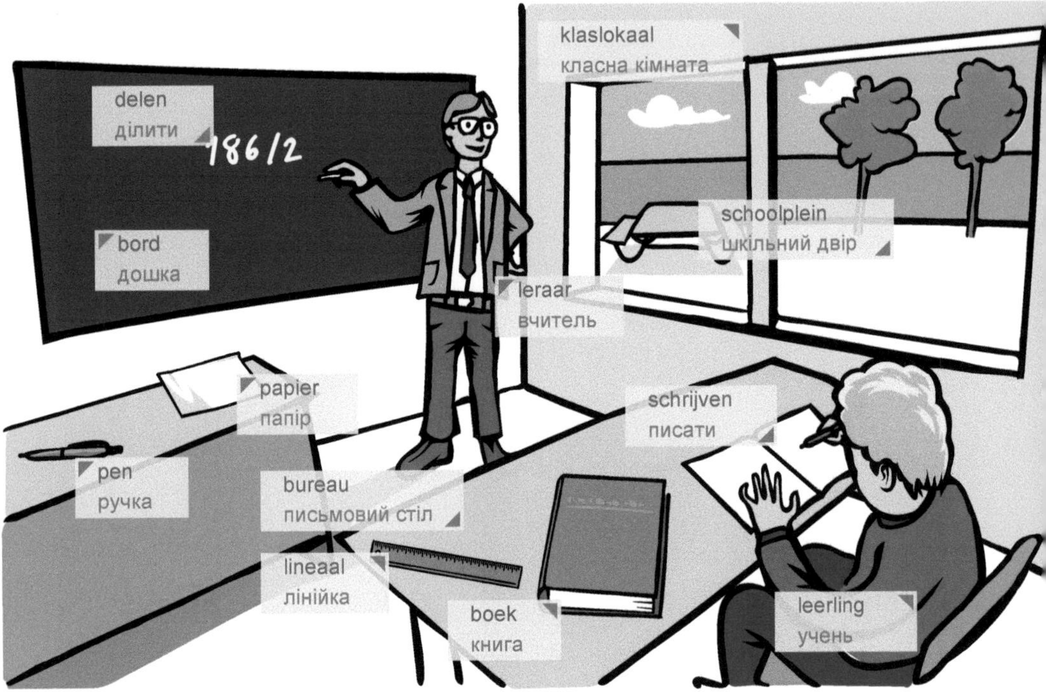
klaslokaal
класна кімната
delen
ділити
186/2
bord
дошка
schoolplein
шкільний двір
leraar
вчитель
papier
папір
schrijven
писати
pen
ручка
bureau
письмовий стіл
lineaal
лінійка
boek
книга
leerling
учень

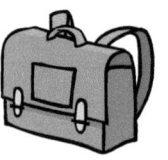

schooltas

ранець

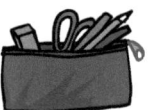

etui

пенал

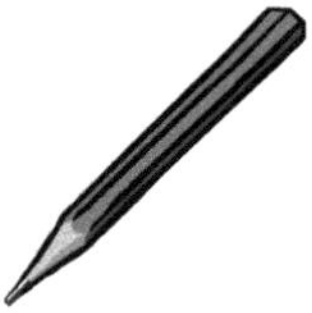

potlood

олівець

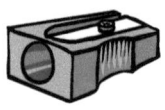

puntenslijper

точило

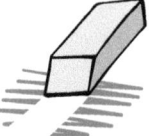

gum

гумка

schetsblok

альбом для малювання

tekening

малюнок

penseel

пензель

verfdoos

коробка фарб

schaar

ножиці

lijm

клей

schrift

зошит

huiswerk

домашнє завдання

getal

число

optellen

додавати

aftrekken

віднімати

vermenigvuldigen

множити

rekenen

рахувати

letter

літера

alfabet

абетка

woord

слово

tekst

текст

lezen

читати

krijt

крейда

les

година

klassenboek

класний журнал

examen

екзамен

diploma

диплом

schooluniform

шкільна форма

opleiding

освіта

encyclopedie

лексикон

universiteit

університет

microscoop

мікроскоп

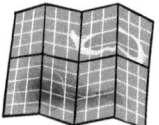

kaart

карта

prullenmand

кошик для паперу

reis

подорож

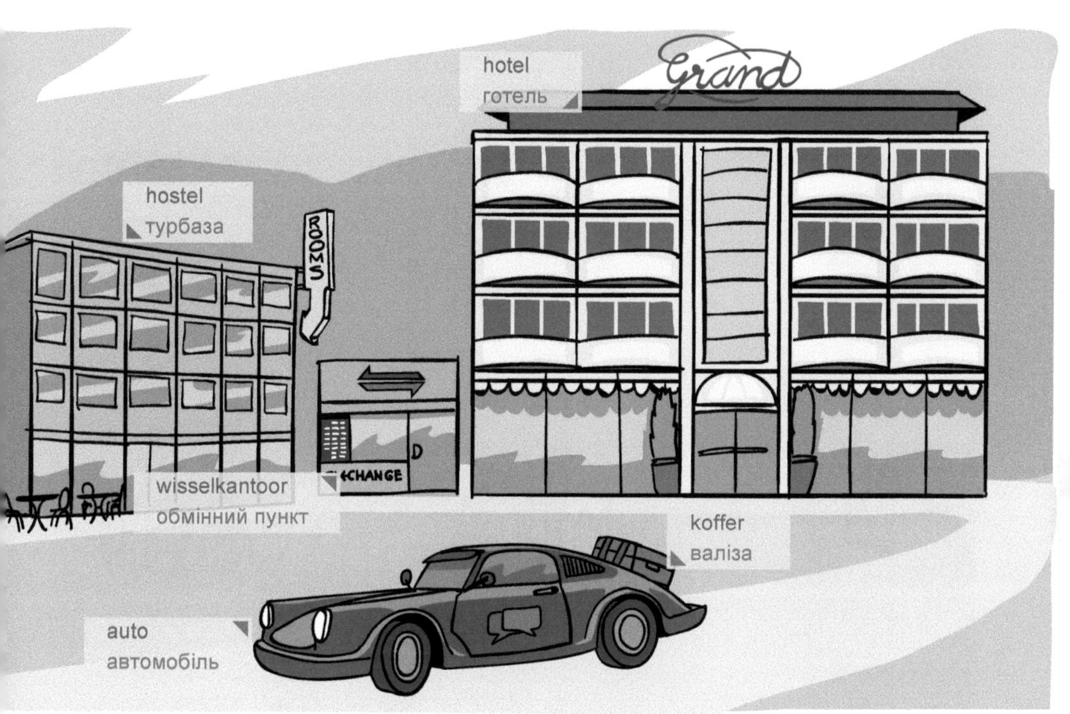

hotel
готель
Grand
hostel
турбаза
ROOMS
wisselkantoor
обмінний пункт
koffer
валіза
auto
автомобіль

taal

мова

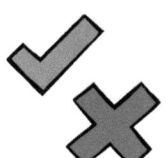

ja / nee

так / ні

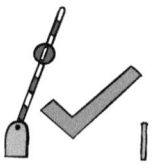

oké

добре

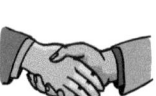

Hallo!

привіт

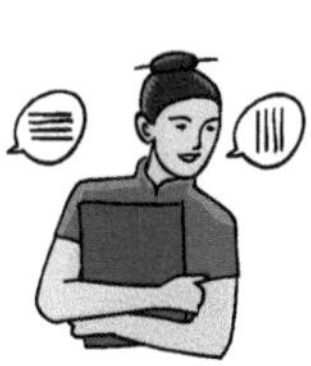

tolk

перекладач

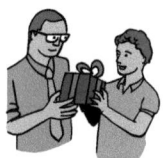

Bedankt.

дякую

Wat kost ...?

Скільки коштує ...?

Ik begrijp het niet.

Я не розумію

probleem

проблема

Goedenavond!

Добрий вечір!

Goedemorgen!

Доброго ранку!

Goedenacht!

На добраніч!

Tot ziens!

До побачення

richting

напрямок

bagage

багаж

tas

сумка

rugzak

рюкзак

gast

гість

kamer

кімната

slaapzak

спальний мішок

tent

намет

VVV-kantoor

туристична інформація

strand

пляж

creditkaart

кредитна картка

ontbijt

сніданок

lunch

обід

diner

вечеря

kaartje

квиток

lift

ліфт

postzegel

поштова марка

grens

межа

douane

митниця

ambassade

посольство

visum

віза

paspoort

паспорт

transport

транспорт

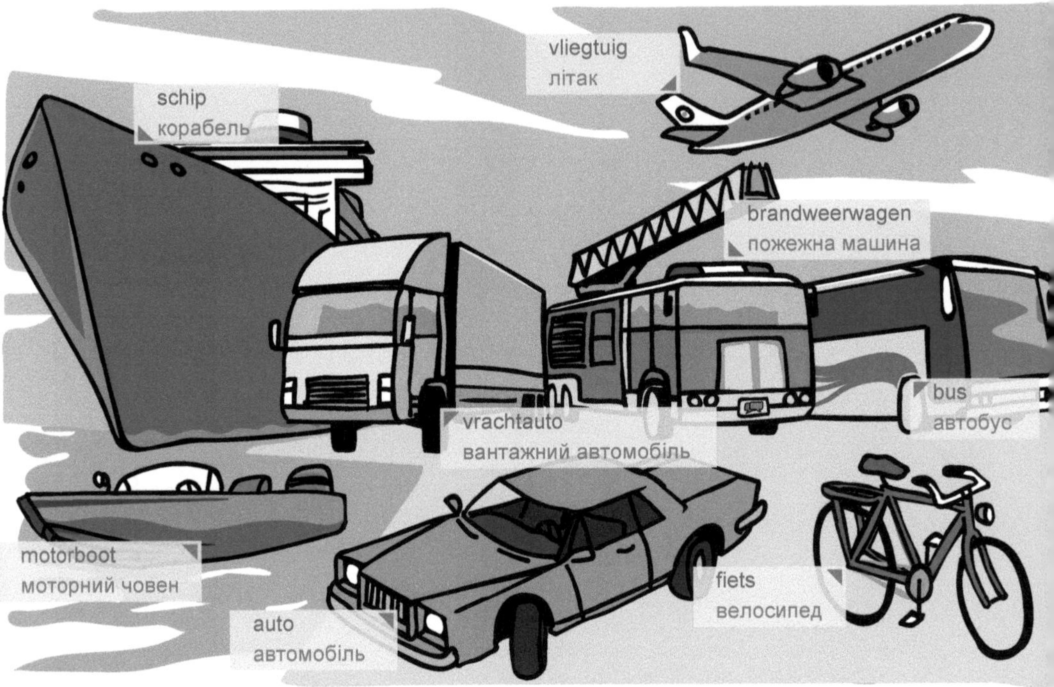
vliegtuig
літак
schip
корабель
brandweerwagen
пожежна машина
bus
автобус
vrachtauto
вантажний автомобіль
motorboot
моторний човен
fiets
велосипед
auto
автомобіль

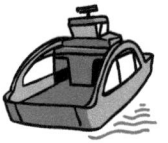

veerboot

пором

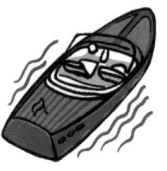

boot

човен

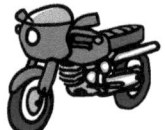

motorfiets

мотоцикл

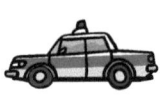

politiewagen

поліцейська машина

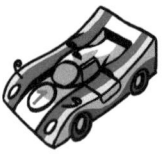

raceauto

гоночний автомобіль

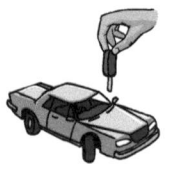

huurauto

автомобіль на прокат

carsharing

спільне користування авто

takelwagen

евакуатор

vuilniswagen

сміттєвоз

motor

двигун

benzine

паливо

benzinepomp

автозаправна станція

verkeersbord

дорожній знак

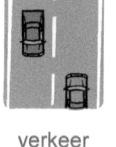

verkeer

рух

file

затор

parkeerplaats

стоянка

station

вокзал

rails

рейки

trein

потяг

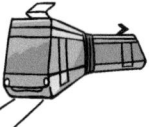

tram

трамвай

wagon

вагон

helikopter

гелікоптер

luchthaven

аеропорт

toren

вежа

passagier

пасажир

container

контейнер

verhuisdoos

коробка

kar

візок

mand

кошик

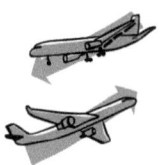

opstijgen / landen

стартувати / приземлятися

stad

місто

dorp

село

stadscentrum

центр міста

huis

дім

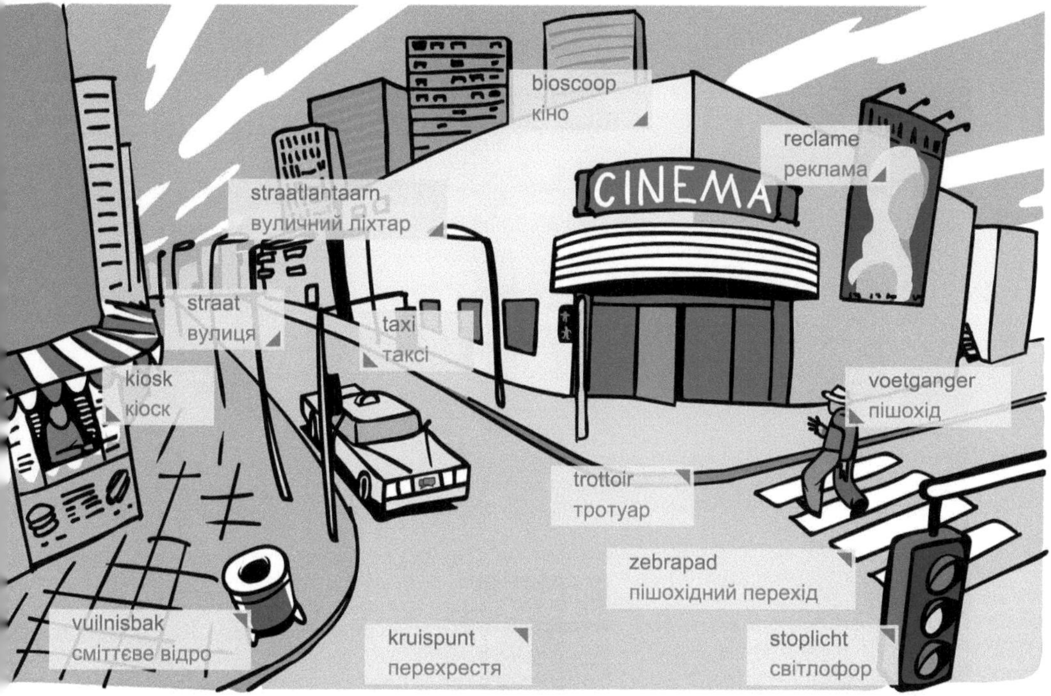

bioscoop
кіно

reclame
реклама

straatlantaarn
вуличний ліхтар

straat
вулиця

taxi
таксі

voetganger
пішохід

kiosk
кіоск

trottoir
тротуар

zebrapad
пішохідний перехід

vuilnisbak
сміттєве відро

kruispunt
перехрестя

stoplicht
світлофор

hut

хатина

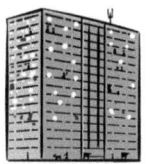

appartement

квартира

station

вокзал

stadhuis

ратуша

museum

музей

school

школа

stad - місто

universiteit

університет

bank

банк

ziekenhuis

лікарня

hotel

готель

apotheek

аптека

kantoor

офіс

boekenwinkel

книжковий магазин

winkel

магазин

bloemenwinkel

квітковий магазин

supermarkt

супермаркет

markt

ринок

warenhuis

універмаг

visboer

торговець рибою

winkelcentrum

торговельний центр

haven

гавань

park

парк

bank

лава

brug

міст

trap

сходи

metro

метро

tunnel

тунель

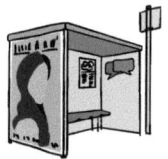

bushalte

автобусна зупинка

bar

бар

restaurant

ресторан

brievenbus

поштова скринька

straatnaambord

вулична табличка

parkeermeter

лічильник паркування

dierentuin

зоопарк

zwembad

басейн

moskee

мечеть

boerderij

ферма

vervuiling

забруднення навколишнього середовища

begraafplaats

кладовище

kerk

церква

speelplaats

дитячий майданчик

tempel

храм

landschap
ландшафт

blad
листок

wegwijzer
вказівний стовп

weg
шлях

weide
луг

steen
камінь

wandelaar
мандрівник

boom
дерево

rivier
річка

gras
трава

bloem
квітка

vallei

долина

berg

гора

meer

озеро

bos

ліс

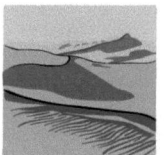

woestijn

пустеля

vulkaan

вулкан

kasteel

замок

regenboog

веселка

paddenstoel

гриб

palmboom

пальма

mug

комар

vlieg

муха

mier

мурашка

bij

бджола

spin

павук

kever

жук

kikker

жаба

eekhoorn

вивірка

egel

їжак

haas

заєць

uil

сова

vogel

птах

zwaan

лебідь

wild zwijn

кабан

hert

олень

eland

лось

stuwdam

гребля

windmolen

вітряк

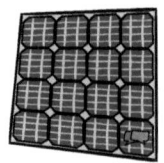

zonnepaneel

сонячний модуль

klimaat

клімат

restaurant
ресторан

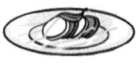

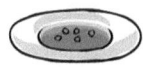

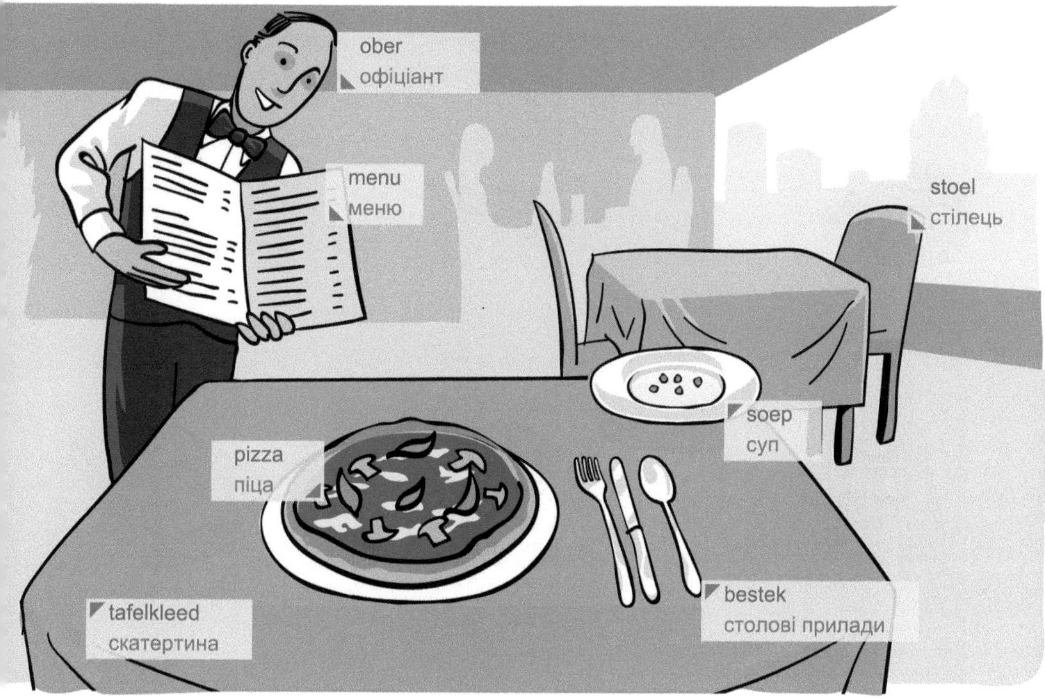
ober
офіціант
menu
меню
stoel
стілець
soep
суп
pizza
піца
bestek
столові прилади
tafelkleed
скатертина

voorgerecht
закуска

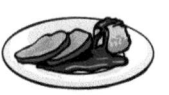

hoofdgerecht
друга страва

toetje
десерт

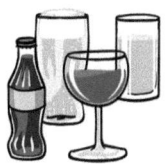

dranken
напої

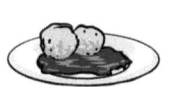

eten
їжа

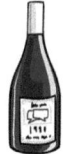

fles
пляшка

fastfood

фаст-фуд

eetkraampje

вулична їжа

theepot

чайник

suikerpot

цукорниця

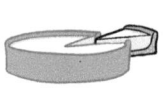

portie

порція

espressomachine

еспресо-машина

kinderstoel

високий стільчик

rekening

рахунок

dienblad

піднос

mes

ніж

vork

вилка

lepel

ложка

theelepel

чайна ложка

servet

серветка

glas

склянка

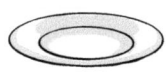

bord

тарілка

soepbord

тарілка для супу

schotel

блюдце

saus

соус

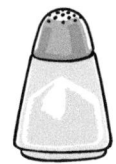

zoutvaatje

солонка

pepermolen

млин для перцю

azijn

оцет

olie

масло

kruiden

спеції

ketchup

кетчуп

mosterd

гірчиця

mayonaise

майонез

supermarkt
супермаркет

aanbieding
пропозиція
FOR
klant
клієнт
zuivelproducten
молочні продукти
fruit
фрукти
winkelwagen
візок для покупок

BUTCHERS

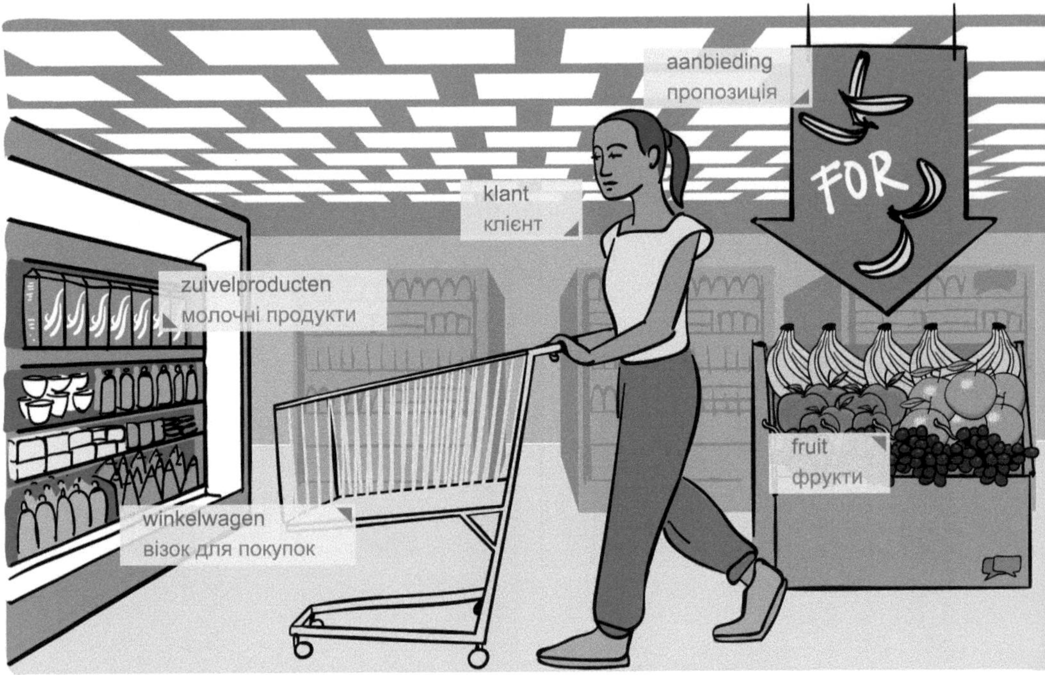

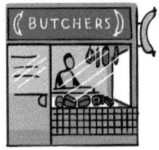

slager

м'ясний магазин

BAKERY

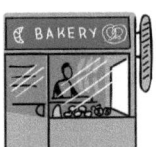

bakkerij

пекарня

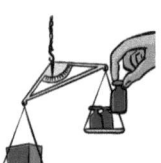

wegen

зважувати

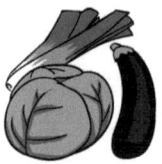

groente

овочі

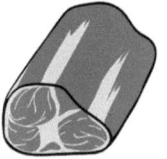

vlees

м'ясо

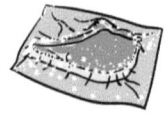

diepvriesproducten

заморожені продукти

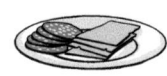

vleeswaren

ковбасна нарізка

conserven

консерви

wasmiddel

пральний порошок

snoepgoed

солодощи

huishoudelijke artikelen

предмети домашнього побуту

schoonmaakmiddel

мийний засіб

verkoopster

продавщиця

kassa

каса

kassier

касир

boodschappenlijstje

список покупок

openingstijden

часи роботи

portefeuille

гаманець

creditkaart

кредитна картка

tas

сумка

plastic zak

поліетиленовий пакет

water

вода

sap

сік

melk

молоко

cola

кола

wijn

вино

bier

пиво

alcohol

алкоголь

chocolademelk

какао

thee

чай

koffie

кава

espresso

еспресо

cappuccino

капучіно

banaan

банан

appel

яблуко

sinaasappel

апельсин

watermeloen

кавун

citroen

лимон

wortel

морква

knoflook

часник

bamboe

бамбук

ui

цибуля

paddenstoel

гриб

noten

горішки

pasta

локшина

spaghetti

спагеті

rijst

рис

salade

салат

friet

картопля фрі

gebakken aardappelen

смажена картопля

pizza

піца

hamburger

гамбургер

sandwich

бутерброд

schnitzel

шніцель

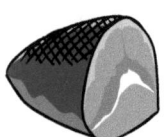

ham

шинка

salami

салямі

worst

ковбаса

kip

курка

gebraad

печеня

vis

риба

havermout

вівсяні пластівці

muesli

мюслі

cornflakes

кукурудзяні пластівці

meel

борошно

croissant

круасан

broodjes

булочка

brood

хліб

toast

тостовий хліб

koekjes

печиво

boter

масло

kwark

сир

taart

пиріг

ei

яйце

gebakken ei

яєчня

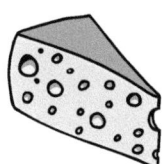

kaas

сир

ijs

морозиво

suiker

цукор

honing

мед

jam

мармелад

chocoladepasta

нуга-крем

kerrie

карі

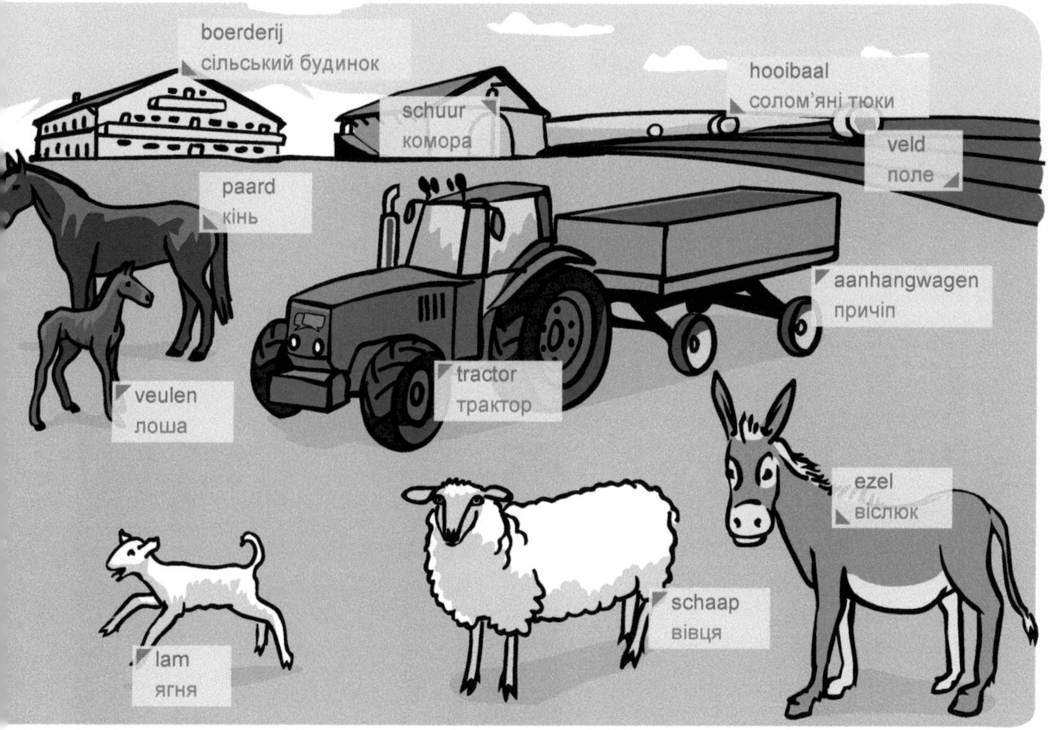

boerderij
сільський будинок

schuur
комора

hooibaal
солом'яні тюки

veld
поле

paard
кінь

aanhangwagen
причіп

veulen
лоша

tractor
трактор

ezel
віслюк

lam
ягня

schaap
вівця

geit
коза

koe
корова

kalf
теля

varken
свиня

big
порося

stier
бик

gans

гусак

eend

качка

kuiken

курча

kip

курка

haan

півень

rat

щур

kat

кіт

muis

миша

os

віл

hond

собака

hondenhok

собача будка

tuinslang

садовий шланг

gieter

лійка

zeis

коса

ploeg

плуг

sikkel

серп

schoffel

мотика

hooivork

вила

bijl

сокира

kruiwagen

тачка

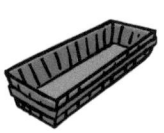

trog

корито

melkbus

бідон молока

zak

мішок

hek

паркан

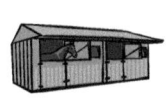

stal

хлів

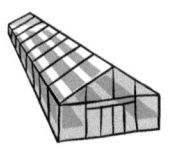

broeikas

теплиця

grond

ґрунт

zaad

насіння

mest

добриво

maaidorser

комбайн

oogsten

пожинати

oogst

урожай

yam

корінь ямсу

tarwe

пшениця

soja

соя

aardappel

картопля

maïs

кукурудза

koolzaad

ріпак

fruitboom

плодове дерево

maniok

маніок

granen

злаки

huis
дім

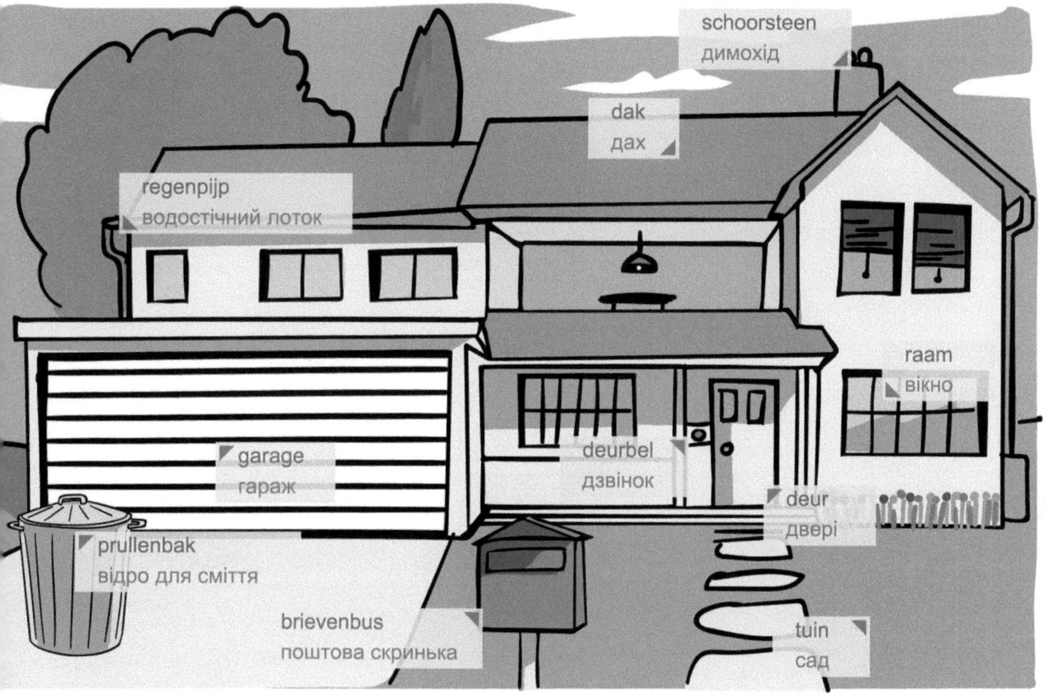
schoorsteen
димохід
dak
дах
regenpijp
водостічний лоток
raam
вікно
garage
гараж
deurbel
дзвінок
deur
двері
prullenbak
відро для сміття
brievenbus
поштова скринька
tuin
сад

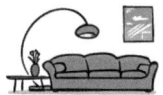

woonkamer
вітальня

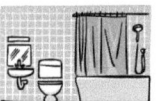

badkamer
ванна кімната

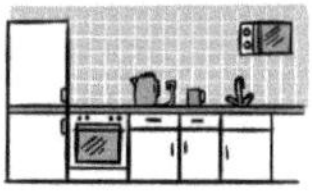
keuken
кухня

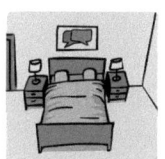

slaapkamer
спальня

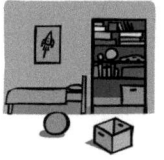

kinderkamer
дитяча кімната

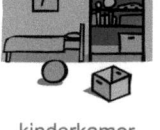

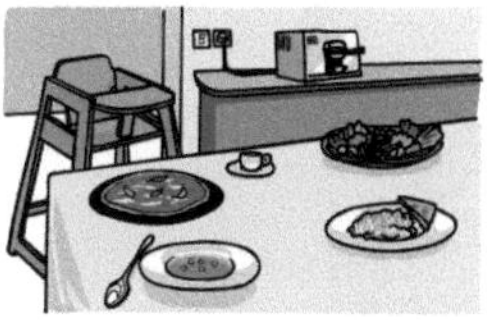
eetkamer
їдальня

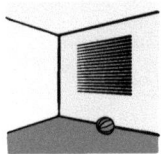

vloer

підлога

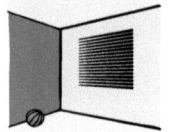

muur

стіна

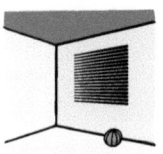

plafond

стеля

kelder

підвал

sauna

сауна

balkon

балкон

terras

тераса

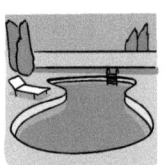

zwembad

басейн

grasmaaier

косарка

laken

простирало

bedsprei

ковдра

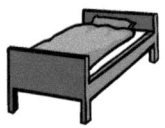

bed

ліжко

bezem

мітла

emmer

відро

schakelaar

перемикач

woonkamer
вітальня

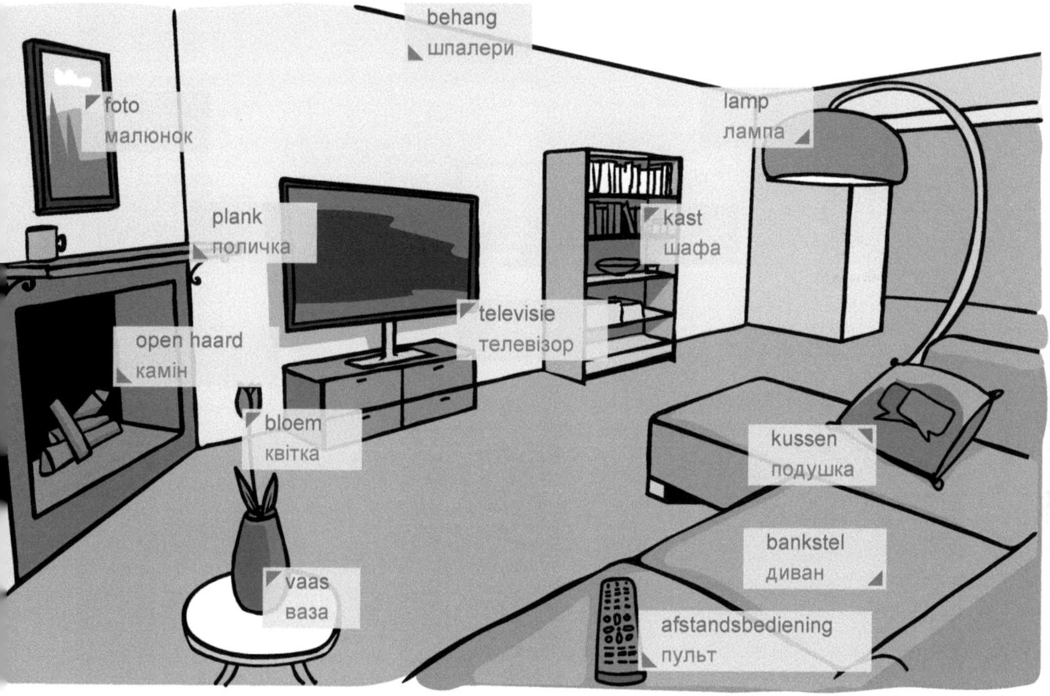

behang
шпалери
foto
малюнок
lamp
лампа
plank
поличка
kast
шафа
televisie
телевізор
open haard
камін
bloem
квітка
kussen
подушка
bankstel
диван
vaas
ваза
afstandsbediening
пульт

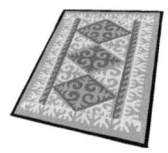

tapijt

килим

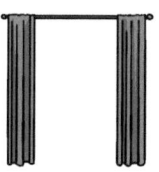

gordijn

завіса

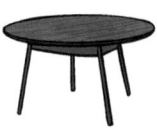

tafel

стіл

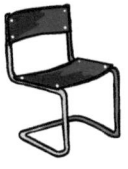

stoel

стілець

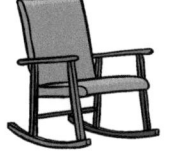

schommelstoel

крісло-гойдалка

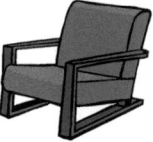

stoel

крісло

boek

книга

deken

ковдра

decoratie

прикраса

brandhout

дрова

film

фільм

stereo-installatie

стереосистема

sleutel

ключ

krant

газета

schilderij

картина

poster

плакат

radio

радіо

kladblok

блокнот

stofzuiger

пилосос

cactus

кактус

kaars

свічка

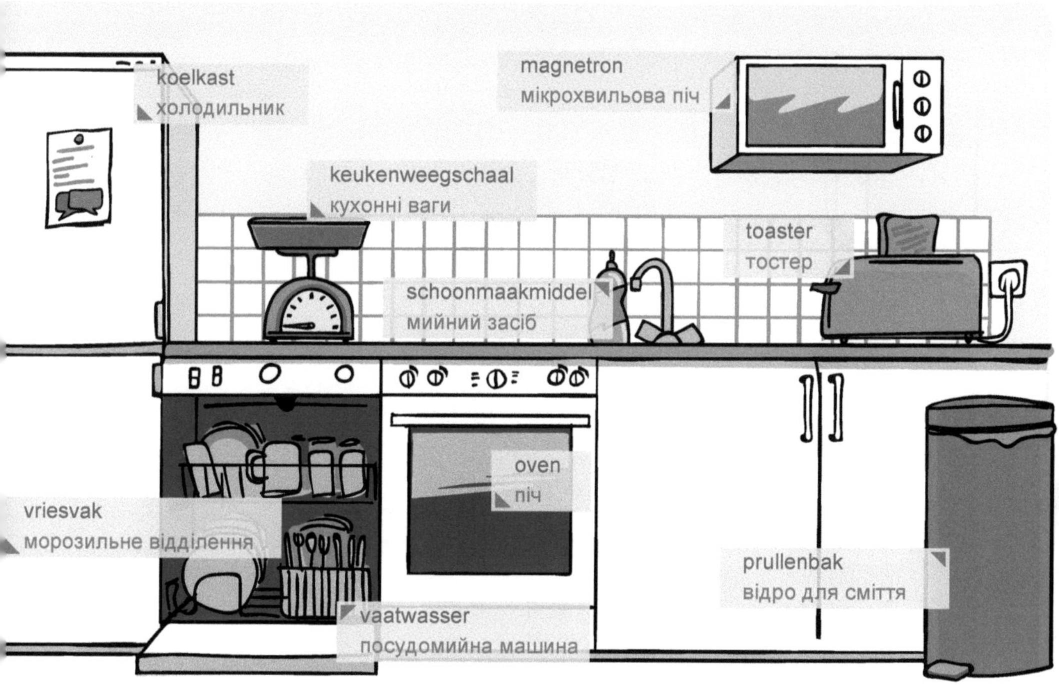

koelkast
холодильник

magnetron
мікрохвильова піч

keukenweegschaal
кухонні ваги

toaster
тостер

schoonmaakmiddel
мийний засіб

vriesvak
морозильне відділення

oven
піч

prullenbak
відро для сміття

vaatwasser
посудомийна машина

fornuis
....
плита

pan
....
горщик

gietijzeren pan
....
чавунний горщик

wok / kadai
....
вок / кадай

koekenpan
....
сковорода

ketel
....
чайник

stoomkoker

пароварка

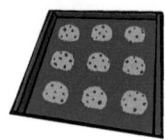

bakplaat

лист

servies

посуд

beker

кухоль

kom

чаша

eetstokjes

палички для їжі

soeplepel

черпак

spatel

лопатка

garde

вінчик для збивання

vergiet

сито

zeef

сито

rasp

терка

vijzel

ступка

barbecue

барбекю

vuurhaard

багаття

snijplank

дошка

deegroller

качалка

kurkentrekker

штопор

blik

конзерва

blikopener

відкривачка

pannenlap

прихватки

wasbak

раковина

borstel

щітка

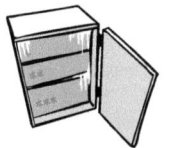

spons

губка

blender

міксер

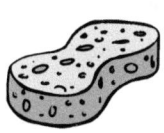

vriezer

морозильна камера

babyflesje

дитяча пляшка

kraan

кран

badkamer

ванна кімната

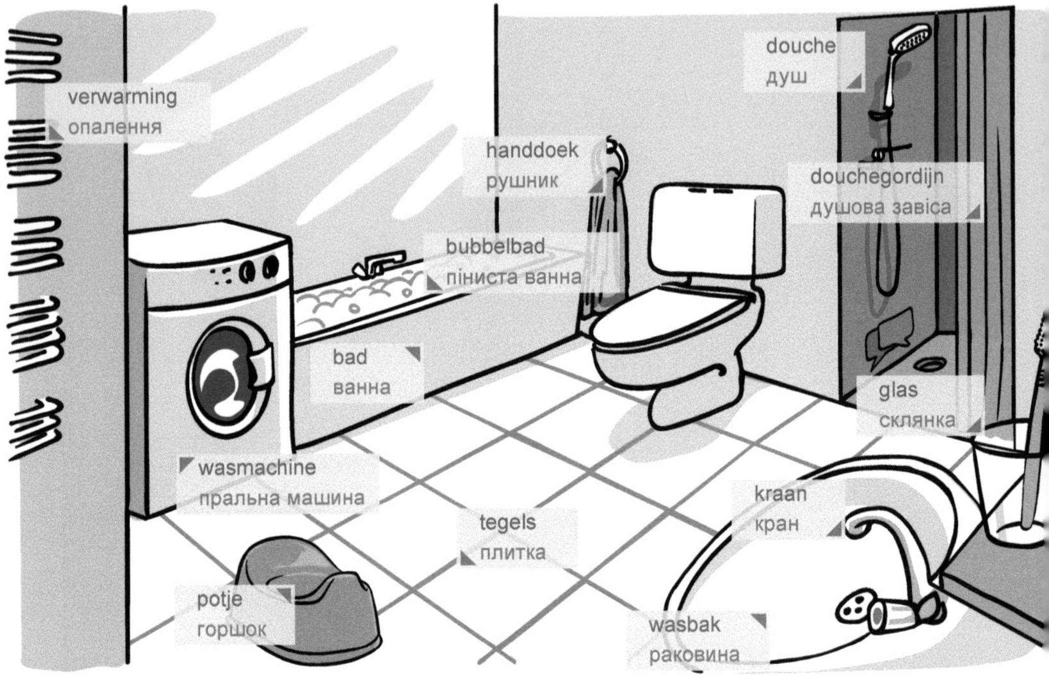
verwarming
опалення
handdoek
рушник
douche
душ
douchegordijn
душова завіса
bubbelbad
пiниста ванна
bad
ванна
glas
склянка
wasmachine
пральна машина
kraan
кран
tegels
плитка
potje
горшок
wasbak
раковина

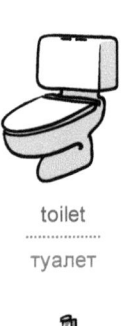

toilet

туалет

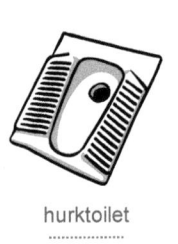

hurktoilet

підлоговий туалет

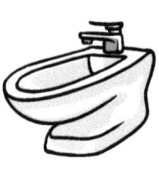

bidet

біде

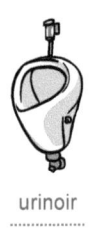

urinoir

пісуар

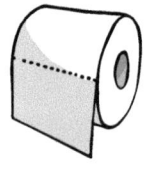

toiletpapier

туалетний папір

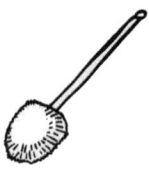

toiletborstel

щітка для туалету

tandenborstel

зубна щітка

tandpasta

зубна паста

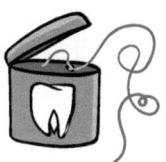

flosdraad

нитка для чищення зубів

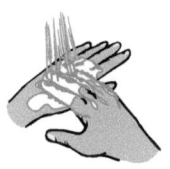

wassen

мити

handdouche

ручний душ

toiletdouche

інтимний душ

waskom

таз

rugborstel

щітка для спини

zeep

мило

douchegel

гель для душу

shampoo

шампунь

washanje

мочалка

afvoer

водостік

creme

крем

deodorant

дезодорант

spiegel

дзеркало

make-upspiegel

косметичне дзеркало

scheermes

бритва

scheerschuim

піна для гоління

aftershave

лосьйон після гоління

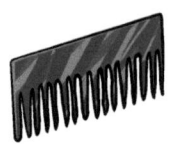

kam

гребінь

borstel

щітка

haardroger

фен

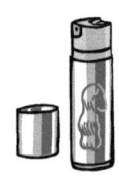

haarspray

лак для волосся

make-up

косметика

lippenstift

губна помада

nagellak

лак для нігтів

watten

вата

nagelschaartje

ножиці для нігтів

parfum

парфум

toilettas

косметичка

kruk

табурет

weegschaal

ваги

badjas

халат

rubber handschoenen

гумові рукавички

tampon

тампон

maandverband

гігієнічні прокладки

chemisch toilet

біотуалет

kinderkamer
дитяча кімната

wekker
будильник
knuffeldier
м'яка іграшка
speelgoedauto
іграшковий автомобіль
rammelaar
брязкальце
poppenhuis
ляльковий будиночок
cadeau
подарунок

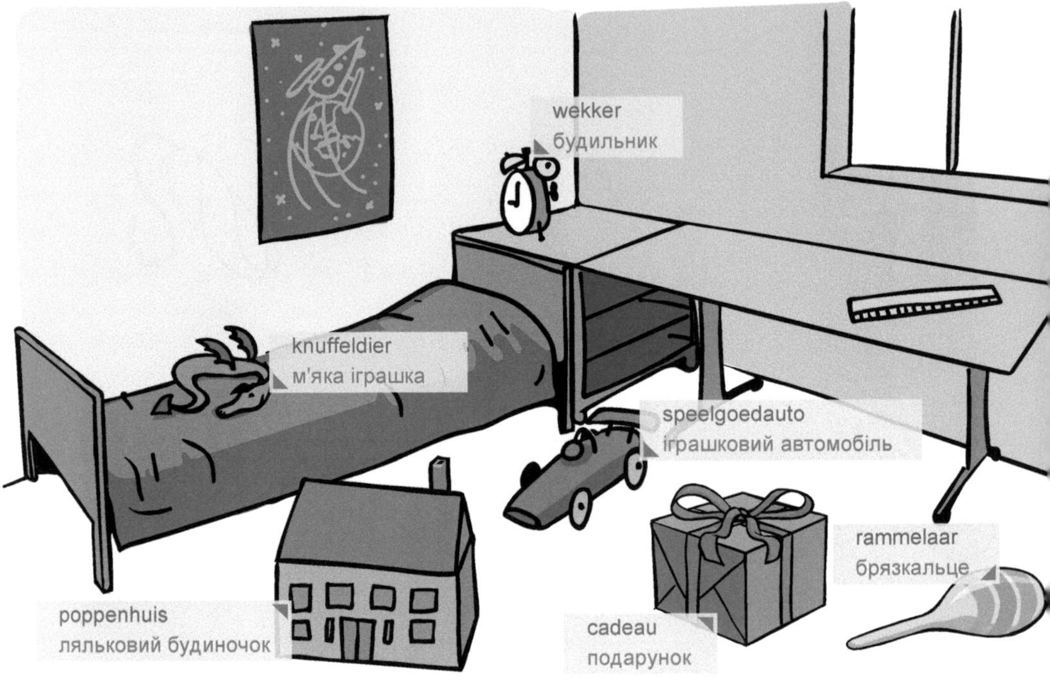

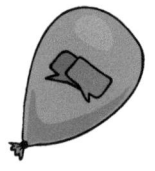

ballon

повітряна кулька

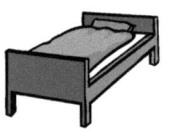

bed

ліжко

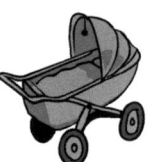

kinderwagen

дитячий візок

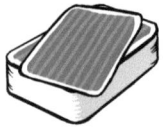

kaartspel

картярська гра

puzzel

пазл

SUPER
MEGA

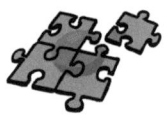

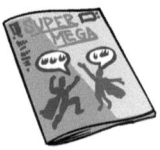

stripverhaal

комікс

legostenen
лего цеглинки

speelgoedblokken
блоки

actiefiguurtje
іграшкова фігурка

romper
повзунки

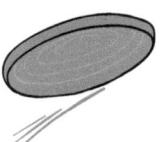

frisbee
фризбі

mobile
мобіле

bordspel
настільна гра

dobbelsteen
кубик

modeltrein
модель залізнична станція

speen
соска

feestje
вечірка

prentenboek
книжка з картинками

bal
м'яч

pop
лялька

spelen
грати

zandbak

пісочниця

schommel

гойдалка

speelgoed

іграшка

spelcomputer

гральна консоль

driewieler

триколісний велосипед

teddybeer

плюшевий мішка

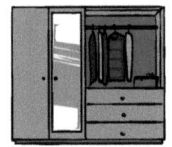

kleerkast

шафа

kleding

одяг

sokken

шкарпетки

kousen

панчохи

panty

колготки

sjaal
шарф

riem
ремінь

paraplu
парасоля

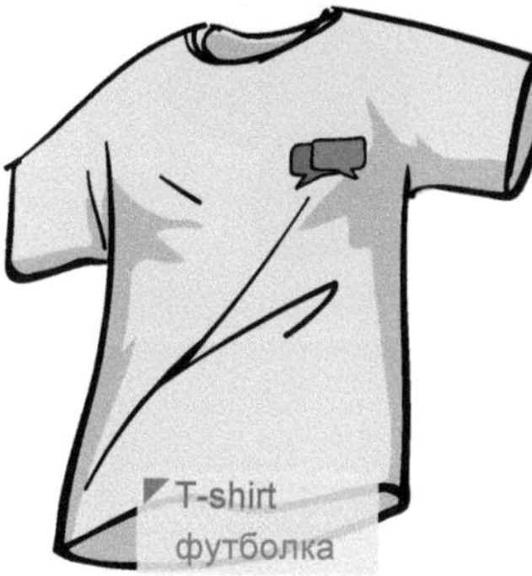

T-shirt
футболка

sportschoenen
кросівки

laarzen
чоботи

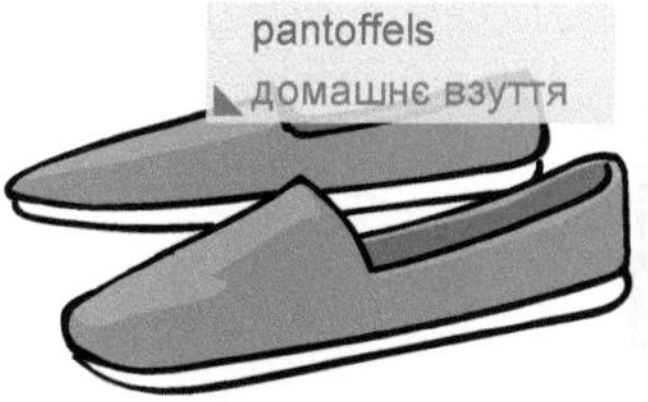

pantoffels
домашнє взуття

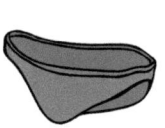

sandalen
················
сандалі

schoenen
················
взуття

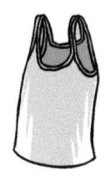

rubberlaarzen
················
гумові чоботи

onderbroek
················
труси

beha
················
бюстгальтер

onderhemd
················
нижня сорочка

kleding - одяг

body

боді

broek

штани

spijkerbroek

джинси

rok

спідниця

blouse

блузка

overhemd

сорочка

trui

пуловер

hoody

светр

blazer

піджак

jas

куртка

mantel

пальто

regenjas

дощовик

kostuum

костюм

jurk

сукня

trouwjurk

весільна сукня

pak

костюм

nachthemd

нічна сорочка

pyjama

піжама

sari

сарі

hoofddoek

головна хустка

tulband

чалма

boerka

бурка

kaftan

кафтан

abaja

абая

zwempak

купальник

zwembroek

плавки

korte broek

шорти

trainingspak

тренувальний костюм

schort

фартух

handschoenen

рукавички

knoop

гудзик

bril

окуляри

armband

браслет

ketting

ланцюг

ring

кільце

oorbel

сережка

pet

шапка

kledinghanger

плічка

hoed

капелюх

stropdas

краватка

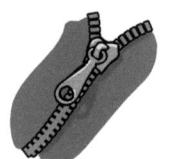

rits

застібка-блискавка

helm

шолом

bretels

підтяжки

schooluniform

шкільна форма

uniform

уніформа

slabbetje

нагрудник

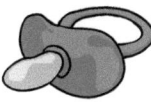

speen

соска

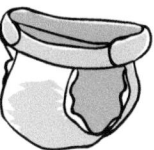

luier

підгузок

kantoor

офіс

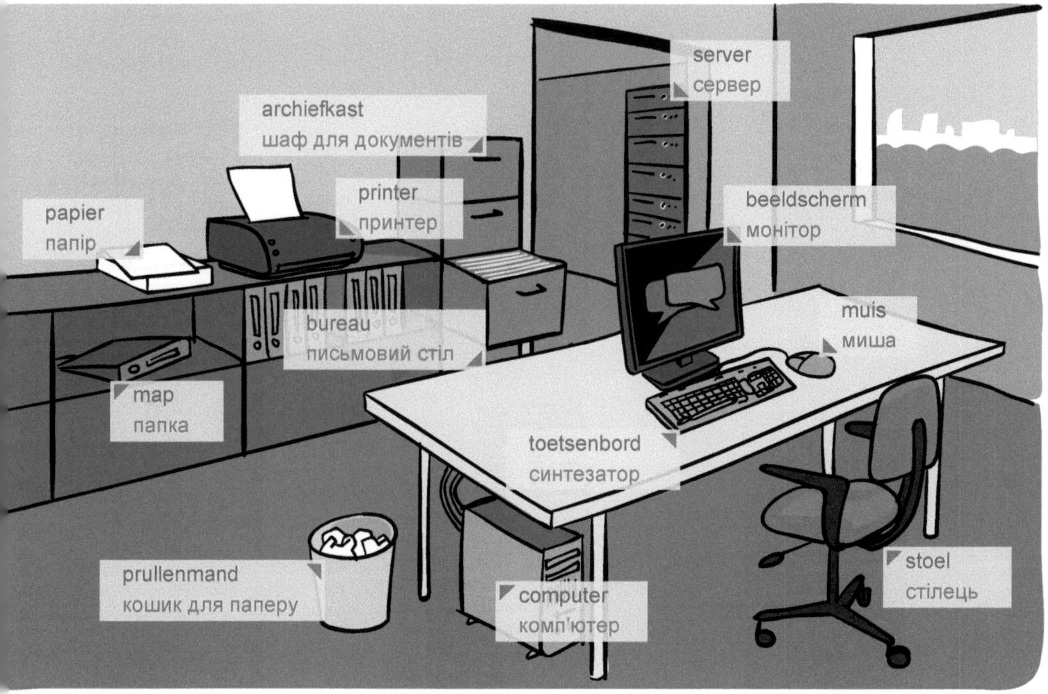

archiefkast
шаф для документів

server
сервер

papier
папір

printer
принтер

beeldscherm
монітор

bureau
письмовий стіл

muis
миша

map
папка

toetsenbord
синтезатор

prullenmand
кошик для паперу

computer
комп'ютер

stoel
стілець

koffiemok

кавовий кухоль

rekenmachine

калькулятор

internet

інтернет

laptop

ноутбук

brief

лист

bericht

повідомлення

mobiele telefoon

мобільний телефон

netwerk

мережа

kopieermachine

копіювальний пристрій

software

програмне забезпечення

telefoon

телефон

stopcontact

розетка

fax

факс

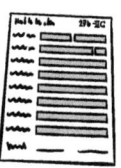

formulier

бланк

document

документ

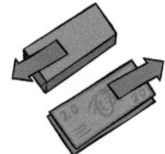

kopen

купувати

betalen

платити

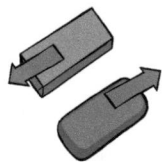

handel drijven

торгувати

geld

гроші

dollar

долар

euro

євро

yen

ієна

roebel

рубль

Zwitserse frank

франк

renminbi yuan

юанів женьміньбі

roepie

рупія

geldautomaat

банкомат

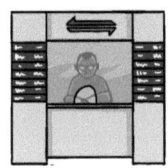

wisselkantoor

обмінний пункт

goud

золото

zilver

срібло

olie

нафта

energie

енергія

prijs

ціна

contract

контракт

belasting

податок

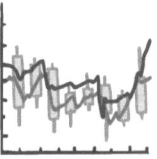

aandeel

акція

werken

працювати

werknemer

працівник

werkgever

роботодавець

fabriek

фабрика

winkel

магазин

economie - економіка

politieagent
поліцейський

brandweerman
пожежник

kok
повар

dokter
лікар

piloot
пілот

tuinman
садівник

timmerman
столяр

naaister
швачка

rechter
суддя

scheikundige
хімік

toneelspeler
актор

buschauffeur

водій автобуса

taxichauffeur

таксист

visser

рибалка

schoonmaakster

прибиральниця

dakdekker

покрівельник

ober

офіціант

jager

мисливець

schilder

художник

bakker

пекар

elektricien

електрик

bouwvakker

будівельник

ingenieur

інженер

slager

забійник

loodgieter

бляхар

postbode

листоноша

soldaat

солдат

architect

архітектор

kassier

касир

bloemist

флорист

kapper

перукар

conducteur

кондуктор

monteur

механік

kapitein

капітан

tandarts

дантист

wetenschapper

вчений

rabbi

рабин

imam

імам

monnik

монах

pastoor

пастор

gereedschap
інструменти

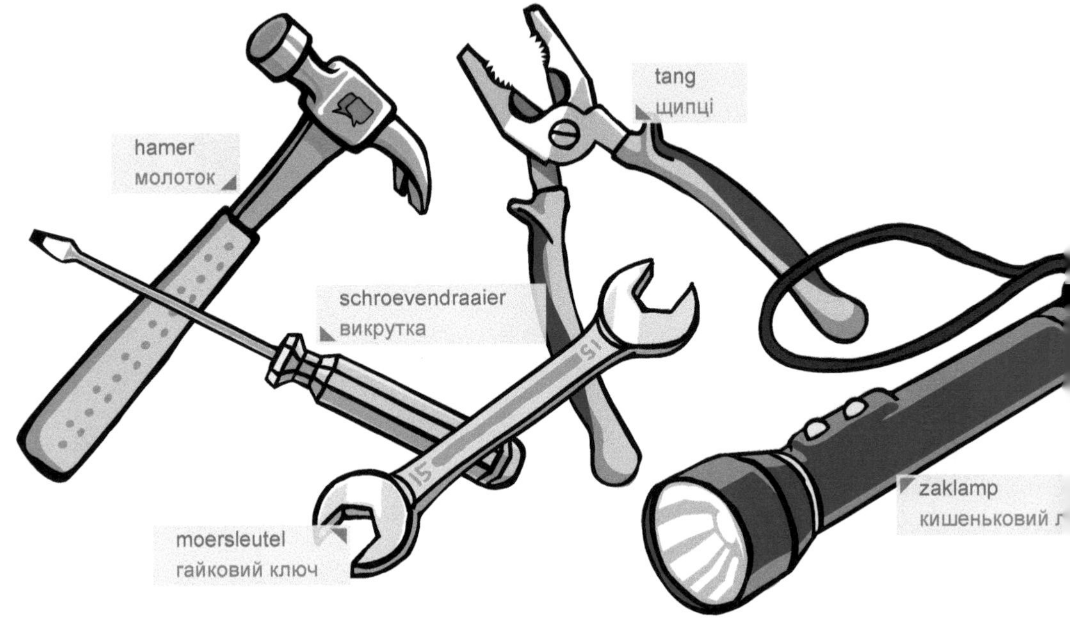

tang
щипці
hamer
молоток
schroevendraaier
викрутка
zaklamp
кишеньковий
moersleutel
гайковий ключ

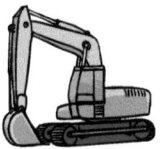

graafmachine

екскаватор

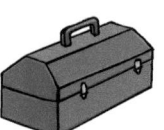

gereedschapskist

ящик для інструментів

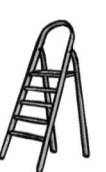

ladder

драбина

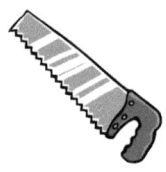

zaag

пилка

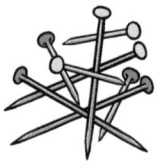

spijkers

цвяхи

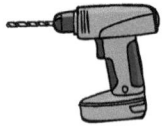

boor

свердло

repareren

ремонтувати

schep

лопата

Verdorie!

лайно!

stofblik

совок

verfpot

відро з фарбою

schroeven

гвинти

muziekinstrumenten
музичні інструменти

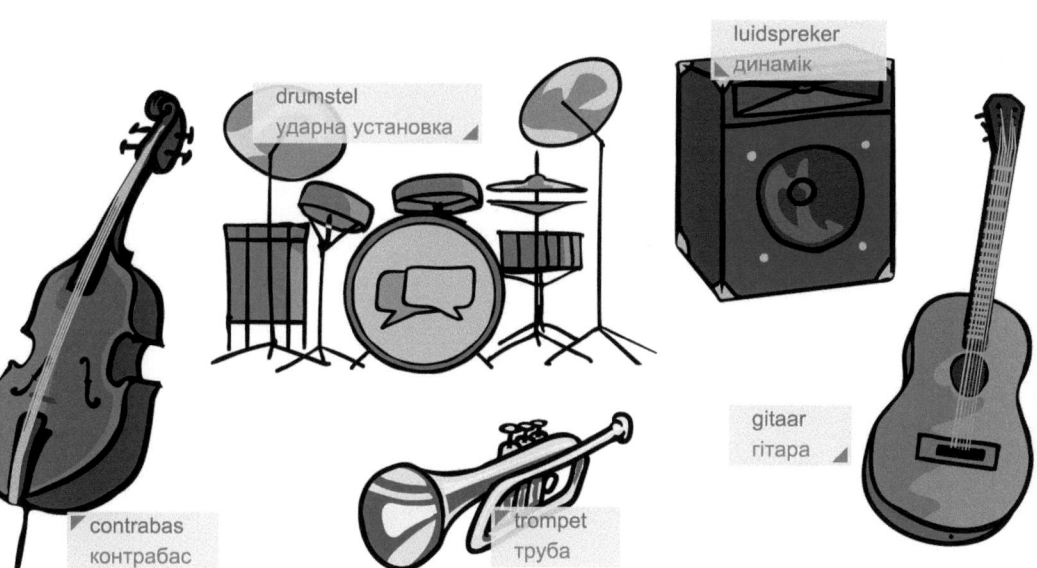

drumstel
ударна установка

luidspreker
динамік

gitaar
гітара

contrabas
контрабас

trompet
труба

piano

фортепіано

viool

скрипка

bas

бас

pauk

литаври

trommel

барабан

keyboard

клавіатура

saxofoon

саксофон

fluit

флейта

microfoon

мікрофон

dierentuin

зоопарк

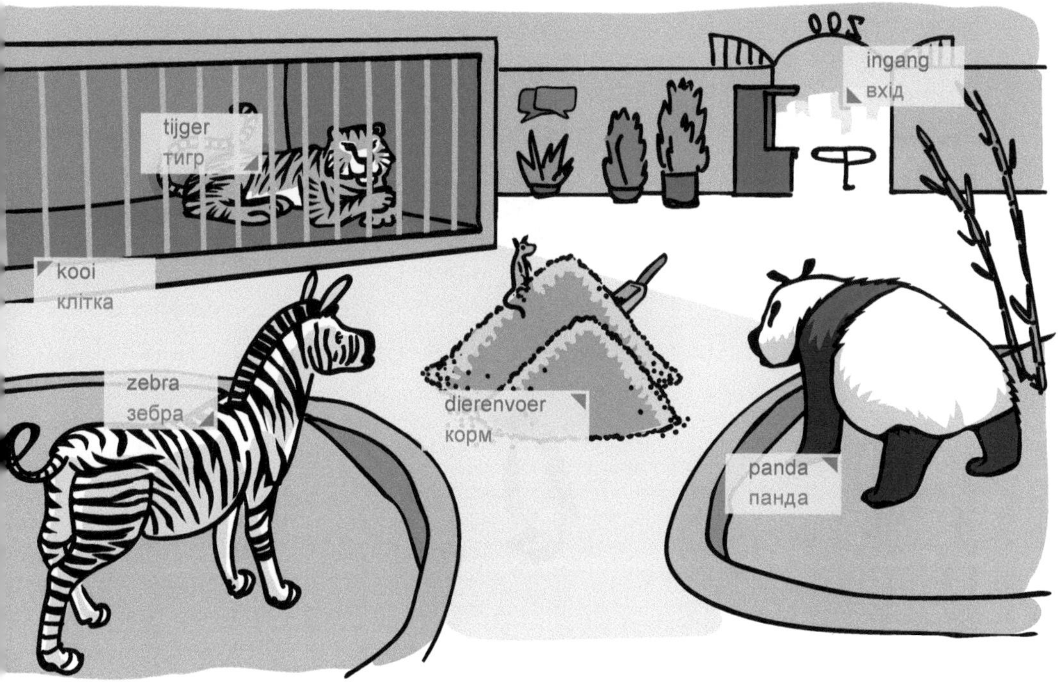
ingang
вхід
tijger
тигр
kooi
клітка
zebra
зебра
dierenvoer
корм
panda
панда

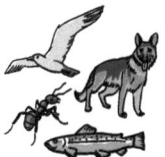

dieren
тварини

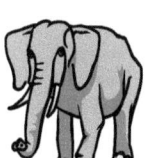

olifant
слон

kangoeroe
кенгуру

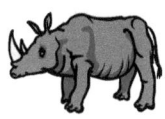

neushoorn
носоріг

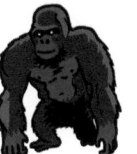

gorilla
горила

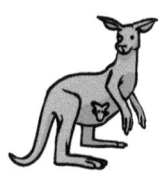

beer
ведмідь

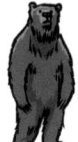

kameel

верблюд

struisvogel

страус

leeuw

лев

aap

мавпа

flamingo

фламінго

papegaai

папуга

ijsbeer

білий ведмідь

pinguïn

пінгвін

haai

акула

pauw

павич

slang

змія

krokodil

крокодил

dierenverzorger

працівник зоопарку

zeehond

тюлень

jaguar

ягуар

dierentuin - зоопарк

pony

поні

luipaard

леопард

nijlpaard

гіпопотам

giraffe

жираф

adelaar

орел

wild zwijn

кабан

vis

риба

schildpad

черепаха

walrus

морж

vos

лисиця

gazelle

газель

dierentuin - зоопарк

American football
американський футбол

wielrennen
їзда на велосипеді

tennis
теніс

basketbal
баскетбол

zwemmen
плавання

boksen
бокс

ijshockey
хокей

voetbal
футбол

badminton
бадмінтон

atletiek
легка атлетика

handbal
гандбол

skiën
лижні перегони

polo
поло

62

activiteiten

дії

lachen
сміятися
springen
стрибати
knuffelen
обіймати
lopen
йти
zingen
співати
dromen
мріяти
bidden
молитися
kussen
цілувати

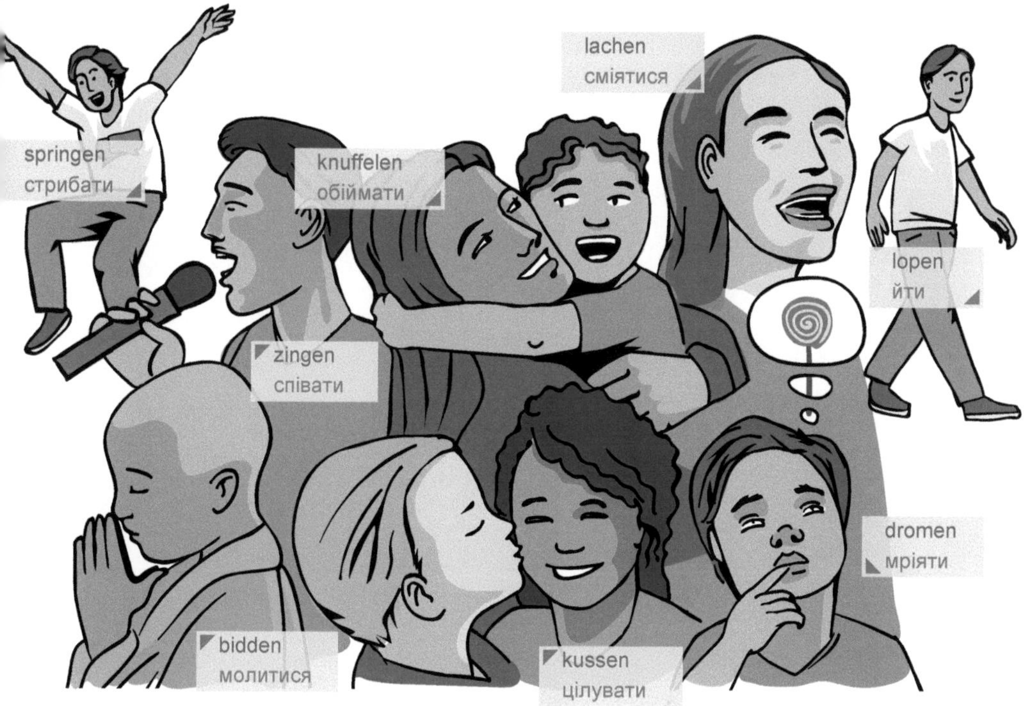

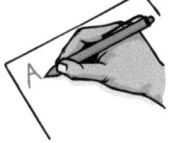

schrijven

писати

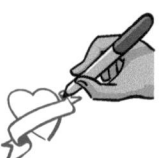

tekenen

малювати

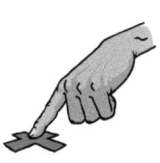

tonen

показувати

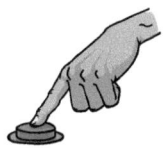

duwen

тиснути

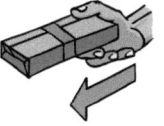

geven

давати

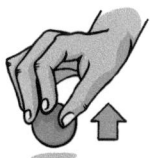

oppakken

брати

hebben

мати

doen

робити

zijn

бути

staan

стояти

rennen

бігати

trekken

тягнути

gooien

кидати

vallen

падати

liggen

лежати

wachten

очікувати

dragen

носити

zitten

сидіти

aankleden

одягати

slapen

спати

wakker worden

просипатися

bekijken

дивитися

huilen

плакати

strelen

гладити

kammen

розчісувати

praten

розмовляти

begrijpen

розуміти

vragen

питати

horen

слухати

drinken

пити

eten

їсти

opruimen

прибирати

houden van

любити

koken

варити

rijden

їхати

vliegen

літати

zeilen

йти під вітрилом

rekenen

рахувати

lezen

читати

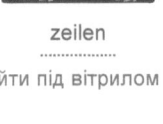

leren

вчитися

werken

працювати

trouwen

одружуватися

naaien

шити

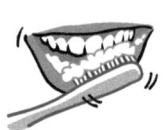

tandenpoetsen

чистити зуби

doden

убивати

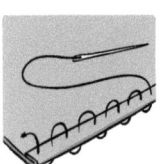

roken

курити

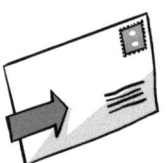

verzenden

посилати

grootmoeder
бабуся

grootvader
дідуся

vader
батько

moeder
мати

baby
немовля

dochter
донька

zoon
син

gast

гість

tante

тітка

oom

дядько

broer

брат

zus

сестра

lichaam
тіло

voorhoofd
чоло
oog
око
schouder
плече
vinger
палець
gezicht
обличчя
kin
підборіддя
hand
кисть
been
нога
borst
груди
arm
рука

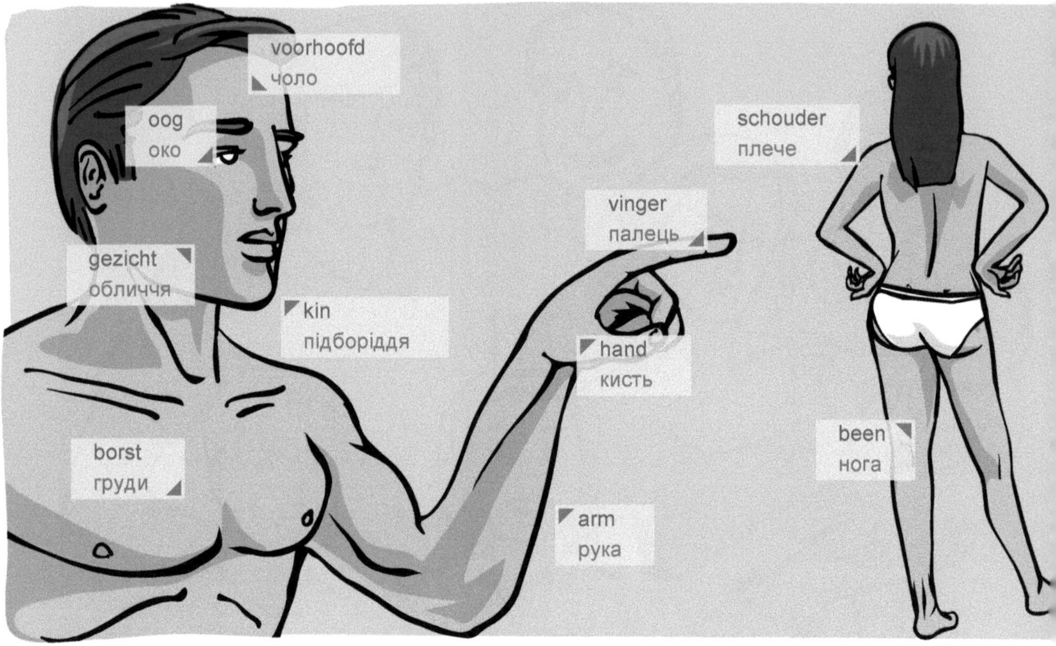

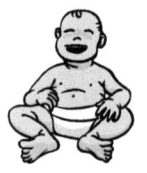

baby
немовля

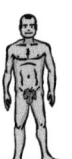

man
чоловік

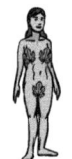

vrouw
жінка

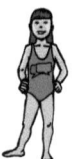

meisje
дівчина

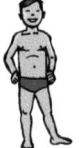

jongen
хлопчик

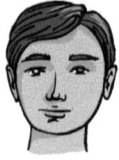

hoofd
голова

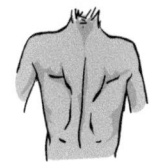

rug

спина

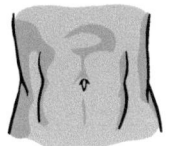

buik

живіт

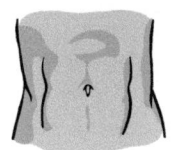

navel

пуп

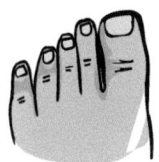

teen

палець ноги

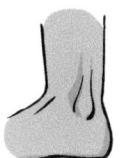

hiel

п'ята

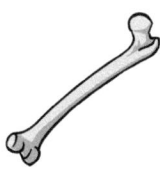

bot

кістка

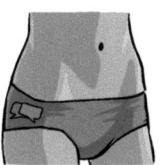

heup

стегно

knie

коліно

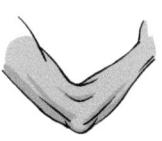

elleboog

лікоть

neus

ніс

achterwerk

сідниці

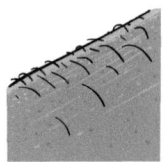

huid

шкіра

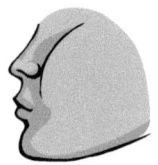

wang

щока

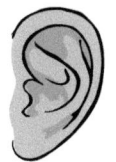

oor

вухо

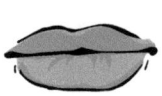

lippen

губа

mond

рот

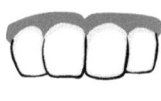

tand

зуб

tong

язик

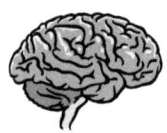

hersenen

мозок

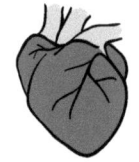

hart

серце

spier

м'яз

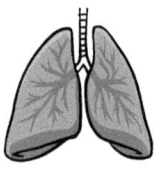

long

легені

lever

печінка

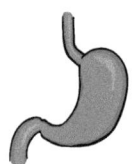

maag

шлунок

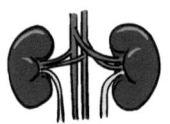

nieren

нирки

geslachtsgemeenschap

статевий акт

condoom

презерватив

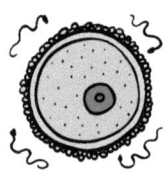

eicel

яйцеклітина

sperma

сперма

zwangerschap

вагітність

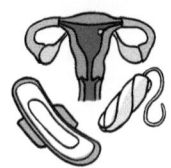

menstruatie

менструація

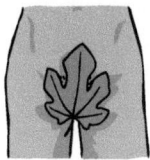

vagina

вагіна

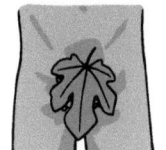

penis

пеніс

wenkbrauw

брова

haar

волосся

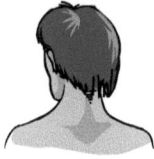

hals

шия

ziekenhuis
лікарня

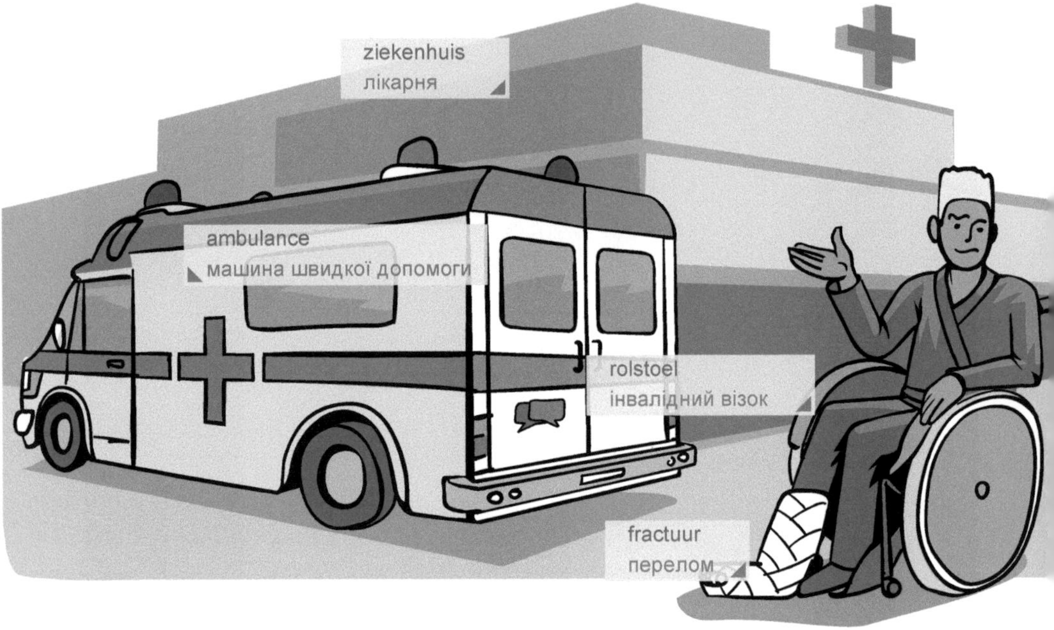

ziekenhuis
лікарня
ambulance
машина швидкої допомоги
rolstoel
інвалідний візок
fractuur
перелом

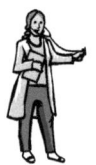

dokter

лікар

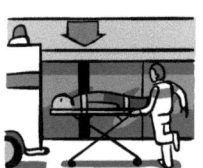

EHBO

відділення швидкої медичної допомоги

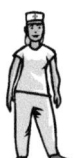

verpleegster

медсестра

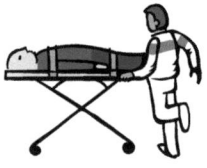

noodgeval

аварійний випадок

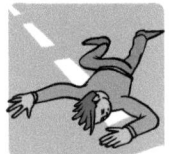

bewusteloos

непритомний

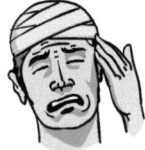

pijn

біль

verwonding

травма

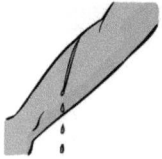

bloeding

кровотеча

hartaanval

інфаркт

beroerte

інсульт

allergie

алергія

hoest

кашель

koorts

лихоманка

griep

грип

diarree

пронос

hoofdpijn

головна біль

kanker

рак

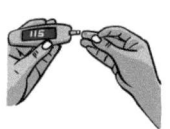

diabetes

діабет

chirurg

хірург

scalpel

скальпель

operatie

операція

CT

КТ

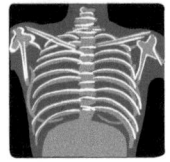

röntgen

рентген

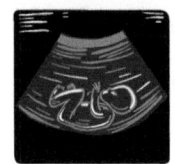

echografie

ультразвук

gezichtsmasker

маска

ziekte

хвороба

wachtkamer

зал очікування

kruk

милиця

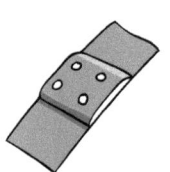

pleister

пластир

verband

пов'язка

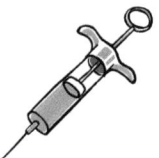

injectie

ін'єкція

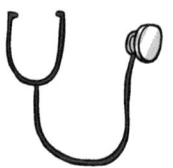

stethoscoop

стетоскоп

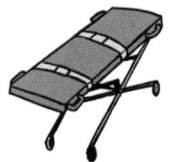

brancard

ноші

thermometer

термометр

geboorte

народження

overgewicht

надмірна вага

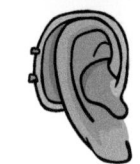

gehoorapparaat

слуховий апарат

ontsmettingsmiddel

дезінфікуючий засіб

infectie

інфекція

virus

вірус

HIV / AIDS

ВІЛ / СНІД

medicijn

медицина

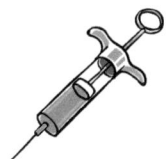

inenting

вакцинація

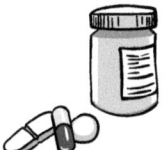

tabletten

таблетки

pil

протизаплідна пігулка

alarmnummer

екстрений виклик

bloeddrukmeter

тонометр

ziek / gezond

хворий / здоровий

Help!

Допоможіть!

alarm

сигнал тривоги

overval

напад

aanval

атака

gevaar

небезпека

nooduitgang

аварійний вихід

Brand!

Вогонь!

brandblusser

вогнегасник

ongeluk

аварія

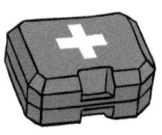

EHBO-koffer

аптечка

SOS

СОС

politie

поліція

Europa

Європа

Noord-Amerika

Північна Америка

Zuid-Amerika

Південна Америка

Afrika

Африка

Azië

Азія

Australië

Австралія

Atlantische Oceaan

Атлантика

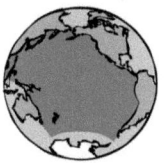

Stille Oceaan

Тихий океан

Indische Oceaan

Індійський океан

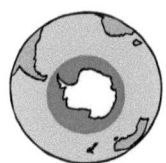

Zuidelijke Oceaan

Антарктичний океан

Noordelijke IJszee

Північний Льодовитий
океан

Noordpool

Північний полюс

Zuidpool

Південний полюс

Antarctica

Антарктика

aarde

Земля

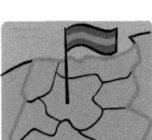

land

суша

zee

море

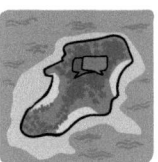

eiland

острів

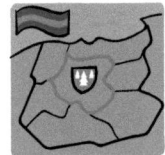

natie

нація

staat

держава

wijzerplaat

циферблат

uurwijzer

годинникова стрілка

minutenwijzer

хвилинна стрілка

secondewijzer

секундна стрілка

Hoe laat is het?

Котра година?

dag

день

tijd

час

nu

зараз

digitaal horloge

цифровий годинник

minuut

хвилина

uur

година

week
тиждень

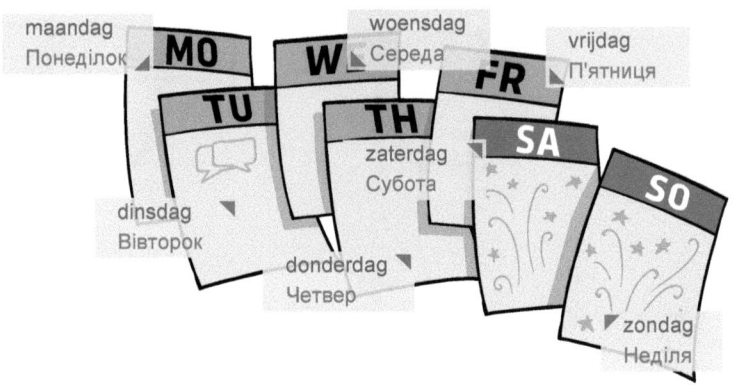

maandag
Понеділок

woensdag
Середа

vrijdag
П'ятниця

dinsdag
Вівторок

zaterdag
Субота

donderdag
Четвер

zondag
Неділя

gisteren

вчора

vandaag

сьогодні

morgen

завтра

ochtend

ранок

middag

опівдні

avond

вечір

werkdagen

робочі дні

weekend

кінець робочого тижня

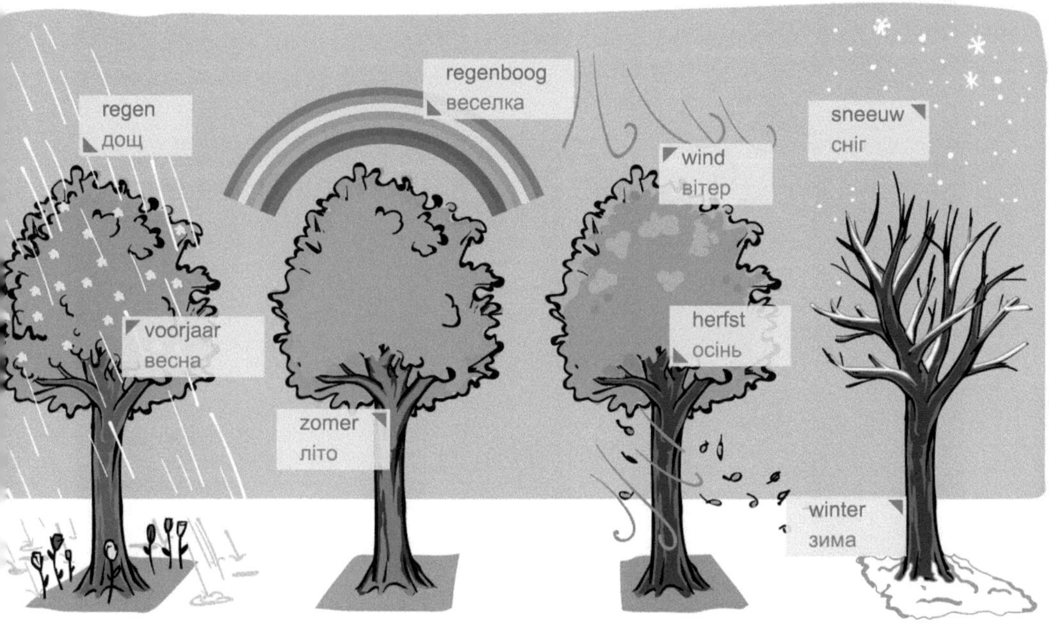

regen
дощ
regenboog
веселка
wind
вітер
sneeuw
сніг
voorjaar
весна
herfst
осінь
zomer
літо
winter
зима

4.APRIL 11°
5.APRIL 4°
6.APRIL 13°
7.APRIL 8°
8.APRIL 10°

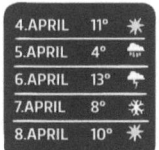

weerbericht

прогноз погоди

F C
120 40
90 30
60 20
30 10
0 0
-30 -10
-20

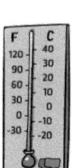

thermometer

термометр

zonneschijn

сонячне світло

wolk

хмара

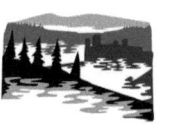

mist

туман

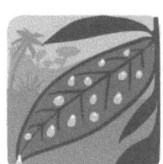

luchtvochtigheid

вологість повітря

bliksem

блискавка

donder

грім

storm

шторм

hagel

град

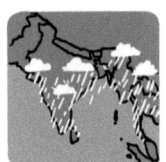

moesson

мусон

overstroming

повінь

ijs

лід

januari

Січень

februari

Лютий

maart

Березень

april

Квітень

mei

Травень

juni

Червень

juli

Липень

augustus

Серпень

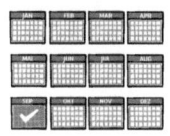

september
....
Вересень

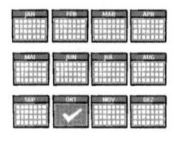

oktober
....
Жовтень

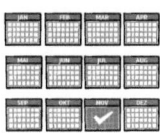

november
....
Листопад

december
....
Грудень

vormen
форми

cirkel
....
круг

vierkant
....
квадрат

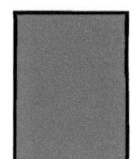

rechthoek
....
прямокутник

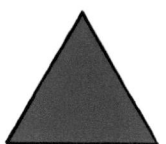

driehoek
....
трикутник

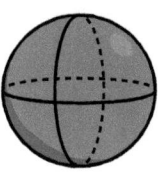

bol
....
куля

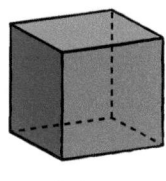

kubus
....
куб

kleuren

фарби

wit

білий

geel

жовтий

oranje

помаранчевий

roze

рожевий

rood

червоний

paars

фіолетовий

blauw

синій

groen

зелений

bruin

коричневий

grijs

сірий

zwart

чорний

veel / weinig

багато / мало

boos / rustig

лютий / мирний

mooi / lelijk

гарний / бридкий

begin / einde

початок / кінець

groot / klein

великий / малий

licht / donker

світлий / темний

broer / zus

брат / сестра

schoon / vies

чистий / брудний

volledig / onvolledig

завершений /
незавершений

dag/ nacht

день / ніч

dood / levend

мертвий / живий

breed / smal

широкий / вузький

eetbaar / oneetbaar

їстівний / неїстівний

gemeen / aardig

злий / дружній

opgewonden / verveeld

збуджений / нудьгуючий

dik / dun

товстий / тонкий

eerste / laatste

спочатку / востаннє

vriend / vijand

друг / ворог

vol / leeg

повний / порожній

hard / zacht

жорсткий / м'який

zwaar / licht

важкий / легкий

honger / dorst

голод / спрага

ziek / gezond

хворий / здоровий

illegaal / legaal

незаконний / законний

intelligent / dom

розумний / дурний

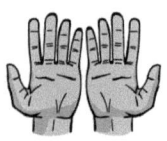

links / rechts

вліво / вправо

dichtbij / ver

поруч / далеко

nieuw / gebruikt

новий / використаний

niets / iets

нічого / щось

oud / jong

старий / молодий

aan / uit

вкл / викл

open / gesloten

відкрито / закрито

zacht / luid

тихо / гучно

rijk / arm

багатий / бідний

goed / fout

правильно / неправильно

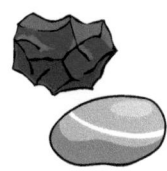

ruw / glad

шорсткий / гладкий

verdrietig / gelukkig

сумний / щасливий

kort / lang

короткий / довгий

langzaam / snel

повільно / швидко

nat / droog

вологий / сухий

warm / koel

гарячий / холодний

oorlog / vrede

війна / мир

0

nul

нуль

1

één

один

2

twee

два

3

drie

три

4

vier

чотири

5

vijf

п'ять

6

zes

шість

7

zeven

сім

8

acht

вісім

9

negen

дев'ять

10

tien

десять

11

elf

одинадцять

12
twaalf
дванадцять

13
dertien
тринадцять

14
veertien
чотирнадцять

15
vijftien
п'ятнадцять

16
zestien
шістнадцять

17
zeventien
сімнадцять

18
achttien
вісімнадцять

19
negentien
дев'ятнадцять

20
twintig
двадцять

100
honderd
сто

1.000
duizend
тисяча

1.000.000
miljoen
мільйон

Engels

англійська

Amerikaans Engels

американська англійська

Chinees Mandarijn

китайська
високочиновницька

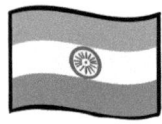

Hindi

хінді

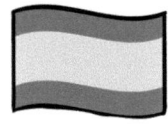

Spaans

іспанська

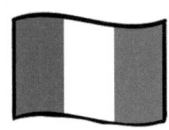

Frans

французька

Arabisch

арабська

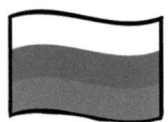

Russisch

російська

Portugees

португальська

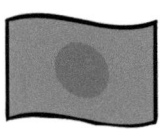

Bengalees

бенгальська

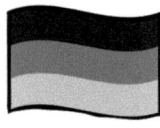

Duits

німецька

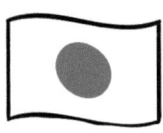

Japans

японська

ik

я

jij

ти

hij / zij / het

він / вона / воно

wij

ми

jullie

ви

zij

вони

wie?

хто?

wat?

що?

hoe?

як?

waar?

де?

wanneer?

коли?

naam

ім'я

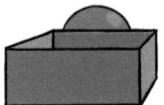

achter

ззаду

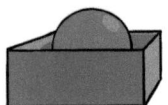

in

в

voor

перед

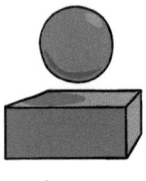

boven

над

op

на

onder

під

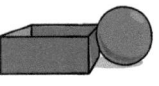

naast

біля

tussen

між

plaats

місце